¿QUIÉN LE TEME A LAS MOMIAS?

Título original: *Qui a peur des momies ?*

Texto de Fleur Daugey
Ilustraciones de Sébastien Mourrain
© Actes Sud, Francia, 2018

Esta edición se publicó según acuerdo con
Isabelle Torrubia Agencia Literaria

Traducción: Virginia Aguirre Muñoz

D.R. © Editorial Océano, S. L.
Milanesat 21-23, Edificio Océano
08017 Barcelona, España
www.oceano.com

D.R. © Editorial Océano de México, S. A. de C. V.
Homero 1500-402, col. Polanco
Miguel Hidalgo, 11560, Ciudad de México
www.oceano.mx
www.oceanotravesia.mx

Primera edición: 2020

ISBN: 978-607-557-071-6

Depósito legal: B 25214-2019

IMPRESO EN ESPAÑA/*PRINTED IN SPAIN*

9004842011119

¿QUIÉN LE TEME A LAS MOMIAS?

Texto de FLEUR DAUGEY

Ilustraciones de SÉBASTIEN MOURRAIN

OCEANO Travesía

¿Qué es *una momia?*

Una momia es un cuerpo que no se ha descompuesto después de morir, como si fuera inmune a las leyes de la naturaleza. ¿Qué ocurre normalmente cuando morimos? ¿Cómo escapan las momias a ese proceso?

Cuando un animal o un ser humano llega al final de su vida deja de respirar y su sangre ya no circula por sus venas. Su corazón y su cerebro dejan de funcionar: se muere. Lo que queda es un cuerpo que ya no se mueve ni siente, ya no hace nada. ¿Como actúa la naturaleza con esos restos? Los descompone. Las primeras encargadas de esa descomposición son unas enzimas minúsculas que se encuentran dentro de las células.* Cuando estamos vivos esas enzimas defienden a las células de cualquier ataque, por ejemplo de microbios. Sin embargo, al morir todo cambia: las enzimas salen de las células y empiezan a ingerir el cuerpo que antes protegían. Y no están solas... Las bacterias que habitan en nuestros intestinos también se ponen a devorar todo lo que encuentran a su paso. ¡Y de tanto comer les dan gases! Los gases que expulsan atraen a las moscas, que depositan sus huevecillos sobre la piel. Las larvas que nacen de los huevecillos mordisquean la carne del cuerpo y en unas pocas semanas no quedan más que los huesos. Y éstos también acabarán desapareciendo, aunque tardan bastante más.

¡NI MUERTAS!

En cambio, las momias no han sido atacadas por las enzimas, las bacterias y los insectos, y mantienen la piel, las uñas y el cabello. Las mejor conservadas aún tienen ojos, pestañas y hasta huellas digitales.* Es como si la naturaleza las hubiese olvidado. ¿Qué ha ocurrido?

Para llevar a cabo su tarea de descomposición, las enzimas necesitan agua. Si el cadáver está en un lugar muy seco, como un desierto, no pueden hacer su trabajo.

También las bacterias necesitan agua, calor y oxígeno para entrar en acción. Si no existen estas condiciones no comen, no expulsan gases y no atraen insectos. El cuerpo se seca, pero no se pudre. Se queda así, como petrificado, con apariencia de estar casi vivo.

MOMIAS NATURALES

Hay dos tipos de momias, las naturales y las artificiales. Las momias naturales son cuerpos que simplemente se enterraron o depositaron en un lugar que detuvo su descomposición: un desierto de arena o de sal, el hielo o incluso la turba.* A lo largo de este libro conoceremos varias momias naturales.

MOMIAS ARTIFICIALES

Las momias artificiales fueron preparadas deliberadamente para impedir que el cuerpo de los muertos desapareciera. Muchos pueblos del mundo han utilizado la momificación por sus creencias religiosas. Cuando oyes la palabra "momia" seguro que piensas de inmediato en las egipcias. Son las más famosas, y sin duda resultan muy impresionantes, pero hay momias en todo el mundo. Partiremos al encuentro de algunas de esas culturas y veremos sus creencias y sus recetas para momificar.

* En el glosario se explican las palabras marcadas con un asterisco.

Los *Chinchorro*

LAS MOMIAS MÁS ANTIGUAS DEL MUNDO NO SON EGIPCIAS, SINO SUDAMERICANAS

Los Chinchorro vivieron en Chile hace 7 000 años, a orillas del océano Pacífico. Eran un pueblo de pescadores que trataba con mucho cuidado a sus muertos, y para conservar los cuerpos los sometían a una compleja preparación. Hasta donde sabemos fueron la primera cultura en practicar la momificación, y todos los miembros de la familia tenían derecho a ser momificados, hasta los fetos. Los Chinchorro utilizaron dos métodos distintos a lo largo de su historia. El primer periodo duró 2 500 años: retiraban y desechaban los músculos y los órganos internos. Ponían la piel y los huesos a secar al sol en el desierto de Atacama, donde el aire es muy seco. Después, con ramas y cordeles, armaban el esqueleto como un rompecabezas y lo cubrían con la piel y una pasta de barro y cenizas. Daban forma al cuerpo como si esculpieran una estatua y le colocaban sobre el rostro una máscara con los ojos cerrados, como los de una persona dormida. Por último, pintaban de negro el cuerpo y la máscara.

El segundo periodo, en el que los Chinchorro cambiaron de método, duró 500 años. Ya no desarmaban el cuerpo, sino que sólo le hacían cortes a los lados para extraer los órganos. Después lo rellenaban con arcilla, carrizos y pelo de animales. Otra modificación fue la máscara: la pintaban de rojo y tenía los ojos abiertos, como los de una persona viva. También le ponían cabello.

MOMIFICACIÓN PARA TODOS

Este pueblo es tan antiguo que resulta difícil saber por qué momificaban a sus difuntos. A lo sumo podemos especular que creían que de esta forma los mantenían con vida aun después de la muerte. Antes de 1917, cuando se descubrieron las primeras momias de la cultura Chinchorro, se consideraba que la momificación era una práctica exclusiva de pueblos ricos como el inca o el egipcio. Los arqueólogos también pensaban que estaba más bien reservada a personas de alto rango. Los Chinchorro demostraron lo contrario: ser pescadores pobres no les impedía practicar un ritual de momificación complejo, al que había que dedicarle mucho tiempo. Además, entre ellos todas las personas tenían derecho a convertirse en momia, hasta los bebés.

Egipto antiguo

Si tuviéramos que elegir a las estrellas de las momias, sin duda las de Egipto antiguo ganarían el primer lugar. Las momias de gatos, de cocodrilos y de faraones hacen volar nuestra imaginación. Exploremos bajo los vendajes…

Los egipcios antiguos momificaron a sus muertos desde 4 500 años antes de Cristo hasta 392 después de Cristo, alrededor de 4 000 años. ¿Por qué practicaban este rito funerario?* La momificación estaba ligada a sus creencias religiosas. En su mitología, Osiris era el rey de Egipto, bueno y generoso, pero su malvado hermano Set lo detestaba y acabó asesinándolo y cortándolo en pedazos; luego dispersó los restos por los cuatro rincones de Egipto. Enloquecida por el dolor, Isis, la esposa de Osiris, recorrió todo el reino en busca de los restos de su esposo para reconstituir su cuerpo. Con ayuda de Anubis, el dios de la momificación con cabeza de chacal, logró que Osiris volviera a la vida, y entonces se convirtió en el dios de los difuntos y del inframundo. Los egipcios pensaban que cuando los momificaban alcanzaban la vida eterna en el más allá, el mundo de los muertos. Lo concebían como un paraíso idéntico a Egipto: la gente comía, trabajaba y vivía como sobre la faz de la Tierra. El cuerpo debía preservarse momificándolo porque seguía siendo necesario en el paraíso. Los faraones hacían colocar en su tumba estatuillas que representaban a los sirvientes que trabajarían para ellos en el otro mundo. También mandaban poner comida, joyas, muebles y todo aquello que podrían necesitar. Los egipcios antiguos no consideraban la muerte como un final, sino como el tránsito a otra vida.

MANUAL DE MOMIFICACIÓN

Las primeras momias que se prepararon en Egipto fueron muy anteriores a la llegada de los faraones, y no eran más que cuerpos envueltos en mortajas* impregnadas en resina de pino, extractos de plantas aromáticas y grasas de origen animal y vegetal. Al principio la idea sólo era envolver a los muertos con respeto para enterrarlos, pero debieron darse cuenta de que ese método ayudaba a conservar los restos.

Más adelante, los faraones hicieron suya la idea de inmortalizarse. Sólo ellos, y sus parientes cercanos, tenían derecho a la momificación. Con el paso del tiempo, esta práctica se extendió a los nobles y luego a toda la población. Desde luego, cuanto más rico era el difunto, más largo y complicado era el proceso de momificación; los más pobres sólo tenían derecho al método rápido. Los faraones se mandaban erigir tumbas espectaculares, las pirámides, donde eran sepultados junto con sus riquezas.

Tras su muerte, el ritual se iniciaba rápidamente para evitar la descomposición del cuerpo. Momificar a los muertos era todo un oficio, pues embalsamar un cadáver exigía un profundo conocimiento y el proceso para un solo cuerpo duraba 70 días. Los embalsamadores comenzaban por lavar la piel con agua salada. Después extraían el cerebro sin romper el cráneo: insertaban herramientas y sustancias especiales por la nariz para licuar este órgano y luego lo drenaban.

Para los egipcios antiguos el cerebro era un órgano sin valor: pensaban que la inteligencia, el pensamiento y las emociones residían en el corazón. A continuación, el embalsamador hacía un corte en un costado del cuerpo para extraer los órganos internos, limpiarlos y secarlos, excepto el corazón, que no se retiraba porque el faraón lo necesitaría en el más allá.

Una vez extraídos los órganos, el cuerpo debía desecarse. Para ese procedimiento tan importante los embalsamadores usaban grandes cantidades de una sal especial recolectada a la orilla de los lagos del norte de Egipto: el natrón. Colocaban bolsitas de natrón dentro del cuerpo, lo sumergían por completo en agua mezclada con esta sal y lo mantenían ahí por 40 días. El natrón absorbía toda el agua del cuerpo, que perdía el 75% de su peso. Cuando finalizaba el proceso de desecación los órganos volvían a colocarse en el cuerpo o se guardaban aparte en recipientes llamados "vasos canopes". Se cambiaban las primeras bolsas de natrón por otras nuevas. También se añadía canela, hierbas aromáticas y mirra, la perfumada resina del árbol del mismo nombre. Se trataba de productos caros, por lo que sólo se usaban para las momias de los difuntos ricos. El cuerpo se cubría con una placa de cera en la que se dibujaba el ojo de Horus, el dios halcón hijo de Isis y Osiris, para proteger al muerto. Luego se le aplicaba una capa de resina de pino y venía el largo proceso de amortajamiento. Se colocaba el cuerpo en un lienzo de lino y se envolvía hasta con veinte capas de vendas. Entre ellas se ponían amuletos protectores en forma de escarabajo o del dios Anubis. El cuerpo amortajado volvía a cubrirse con resina antes de depositarlo en uno o varios sarcófagos de madera cromada, que representaban al faraón o a la reina que guardaban.

MOMIAS DE ANIMALES

Los científicos calculan que los antiguos egipcios, cuyos dioses estaban casi siempre asociados con animales, momificaron unos 70 millones de ellos. Por ejemplo, tenemos a Horus, el dios halcón protector de los faraones; a Nekbet, la diosa buitre de las reinas y de la femineidad, y a Bastet, la diosa felina de la familia. Los egipcios pensaban que los animales se comunicaban directamente con los dioses y eran un poco mágicos. A algunos se les consideraba representantes vivientes del dios en la Tierra, como el toro Apis, que encarnaba a Ptah, el dios creador. El toro era elegido en función de características físicas muy precisas. Debía tener pelaje negro con un triángulo blanco en la frente, un dibujo de halcón en el lomo y una seña en forma de escarabajo bajo la lengua. Este toro pasaba toda su vida en un templo bajo los cuidados de sacerdotes. Cuando moría, lo momificaban con el mismo esmero que a un ser humano.

GATOS ADORADOS O SACRIFICADOS

Las personas que amaban a sus animales domésticos los momificaban para que también tuvieran una vida eterna. Cuando moría un gato, toda la familia se cortaba las pestañas al ras en señal de duelo. En ocasiones se sepultaba al felino en un sarcófago en forma de gato y con ofrendas: ratones, ratas y leche para que nada le faltara en el otro mundo. En ocasiones, los dolientes llegaban a viajar hasta Bubastis, la ciudad sagrada de los gatos, para enterrar a su adorado animal en el cementerio que les estaba dedicado. Ahí se encontraba el templo de Bastet, adonde acudían muchas personas para orar.

Pero no todos los gatos recibían el mismo trato: a muchos los criaban para sacrificarlos y que los peregrinos* pudieran ofrendarlos momificados a la diosa Bastet. En general estaba prohibido matar un gato, ni siquiera accidentalmente, so pena de muerte. Sin embargo, los sacerdotes tenían derecho a sacrificarlos para momificarlos y venderlos a los creyentes, que presentaban la momia del gato como una ofrenda a la diosa diciéndole, por ejemplo: "Oh, Bastet, diosa de los gatos, toma este gato que te ofrezco. A cambio te ruego que sanes a mi hijo enfermo". Los egipcios creían que el animal llevaría su mensaje directamente a los dioses.

Los gatos no eran los únicos en ser sacrificados así: también perros, halcones, ibis, peces, babuinos y musarañas terminaban su vida envueltos en vendas. Se momificaba hasta a los gigantescos cocodrilos del Nilo, que representaban al dios Sobek. La momia más grande de cocodrilo encontrada hasta la fecha mide ¡4.60 metros!

Como en el caso de los gatos, los arqueólogos que estudian las momias de animales han descubierto que perros e ibis eran criados expresamente para sacrificarlos. Estos animales solían estar enfermos y mal cuidados. Vivían en criaderos hacinados y en condiciones precarias.

14

Imperio *inca*

La civilización inca duró apenas cien años, pero se extendió por un vasto territorio, desde lo que hoy es Colombia hasta la actual Chile. Este gran pueblo de los Andes momificaba a sus muertos y pensaba que los poderosos espíritus de las momias podían ayudar a los vivos.

MOMIAS REALES

Entre los incas se podía momificar a cualquier persona, pero los reyes eran objeto de un culto especial. Sentados y vestidos, estos muertos seguían "viviendo" en el seno de la comunidad. Permanecían en su palacio y tenían sirvientes que les llevaban de comer y beber. Los reyes momificados portaban atuendos magníficos, ornamentos de oro y hermosas plumas. Como también conservaban todas sus tierras y riquezas, el nuevo rey debía construir su propio palacio. Las personas allegadas al difunto acudían a menudo a visitarlo y hacerle todo tipo de preguntas. Por ejemplo, le consultaban con quién debían casarse o si debían seguir tal o cual rumbo en su vida. El propio rey, el Inca, pedía consejo a sus ancestros antes de tomar una decisión importante. Había un oráculo, una especie de vidente, que tenía por misión responder las preguntas interpretando las señales provenientes de la momia. El pueblo oraba a estos reyes momia y les dedicaba ceremonias y fiestas en Cuzco, la capital del Imperio inca, ubicada en el actual Perú.

LA CRUELDAD DE LOS CONQUISTADORES ESPAÑOLES

Estas momias tuvieron un destino trágico. Los españoles desembarcaron en la costa en 1531, cuando el Imperio estaba en plena guerra civil por la disputa de dos medios hermanos por el poder. Ocupados en sus conflictos, dejaron entrar a aquellos europeos montados en bestias extrañas que no habían visto jamás: caballos. Además, llevaban armaduras de metal y armas de fuego entonces desconocidas en los Andes. Finalmente, Atahualpa ganó la guerra contra su hermano y se instaló en el trono. Dos años después, Francisco Pizarro, que iba al mando de los españoles, lo tomó como rehén. Los conquistadores le robaron sus tesoros y lo ejecutaron. Los invasores cristianos se apropiaron de sus palacios, asesinaron a los hombres y violaron a las mujeres. Tampoco respetaron la cultura ni la religión de los incas.

El pueblo inca trató de salvar sus momias reales dispersándolas y ocultándolas en los alrededores de Cuzco. Como seguían rindiéndoles culto en secreto, desafiaban a los sacerdotes católicos, que querían obligarlos a cambiar de religión. En 1559 el corregidor español de Cuzco decidió acabar de una vez por todas con esos reyes que, aun muertos, pervivían en el corazón de la gente. Ordenó buscar las momias y logró encontrar las de once reyes y varias reinas, y probablemente la mayoría fue destruida. Los incas lloraron la desaparición de sus momias. Estaban viviendo una tragedia: la destrucción de su cultura. Hasta la fecha no se ha hallado ninguna momia real inca. Pero quién sabe… Quizás algunas de ellas se salvaron de los españoles y permanecen ocultas en las montañas.

NIÑOS OFRENDADOS A LOS DIOSES

En 1999 el explorador y antropólogo* estadounidense Johan Reinhard descubrió unas momias incas muy especiales. No eran reyes, sino tres niños: El Niño, La Niña del Rayo (porque su momia fue alcanzada por un rayo) y La Doncella, una joven de unos 15 años. Las encontraron a 6 000 metros de altura, en el volcán Llullaillaco en los Andes. En la religión de los incas, los elementos naturales poderosos eran deidades. Por ejemplo, su dios más importante era el Sol, pero también veneraban a la Luna, las estrellas, el rayo y el trueno. El Llullaillaco es un volcán que los incas consideraban un dios. Cuando ocurría algún acontecimiento importante, como la llegada al poder de un nuevo rey, sequías severas o epidemias, los incas ofrecían sacrificios a los dioses para que los ayudaran. Sacrificaban animales pero, en caso de gran necesidad o si era momento de honrar a los dioses, también ofrendaban seres humanos.

Los niños momificados por el frío que fueron hallados en el volcán representaban un obsequio para los dioses. Hoy nos parece algo horrible, pero los incas vivían en una época distinta a la nuestra y tenían otras creencias. Entregar a uno de sus hijos a los dioses significaba un gran honor para una familia, aunque eso no evitaba que los padres se sintieran desgraciados y sufrieran por la pérdida de su hijo. Los incas creían que, al ofrecerles aquello que más amaban, los dioses les prestarían más atención. Este sacrificio sagrado recibe el nombre de *capacocha*. Sólo se escogía a los niños que a su entender eran "perfectos": debían pertenecer a la nobleza, no estar enfermos, ni tener particularidades; por ejemplo, una mancha en la piel podía evitar que un niño fuera sacrificado.

VIAJE SAGRADO

Se cuenta que en el siglo xv un noble aceptó entregar a su bella hija para la capacocha y viajó con ella a Cuzco. En el trayecto pasaron por varios poblados, donde la joven era considerada sagrada y los lugareños se ocultaban a su paso. Al llegar a Cuzco ya había otros niños y niñas que habían ido de todo el imperio para conocer al Inca. El rey se sentaba en un trono dorado y les daba la bienvenida. Oraba al Sol y los sacerdotes repartían viandas a los pequeños. Las ceremonias duraban varios días.

Los niños de Llullaillaco probablemente vivieron esos rituales. Los incas pensaban que el volcán influía en el estado del tiempo, y es posible que durante una fuerte sequía el Inca haya decidido que el dios debía recibir sacrificios. Los niños habrían salido entonces de Cuzco a pie rumbo al volcán, un viaje muy largo y difícil de 1 500 kilómetros. Se trata de la misma distancia que hay entre París y Roma, ¡pero recorriéndola a pie por las montañas! Para llegar a la cima del volcán había que subir a 6 000 metros de altura, algo muy peligroso para niños de apenas seis o siete años.

Las momias fueron encontradas vestidas y sentadas en hoyos cavados en el volcán. Preservados por el aire seco y el frío, los cuerpos de los niños están intactos, como si estuvieran dormidos; permanecieron ahí 500 años antes de su descubrimiento. Las momias se conservan hoy en un museo ubicado a una gran altitud en la ciudad de Salta, Argentina. Son objeto de estudios científicos para tratar de entender mejor cómo vivieron y murieron. Se han observado muchos piojos y liendres en el cabello del niño. ¡Hace largo tiempo que los piojos molestan a los niños y las niñas! Estudiando el cabello de las momias, los especialistas saben ahora de qué se alimentaban estas tres personas: maíz y carne de llama, platos reservados a la nobleza. Probablemente les daban esa comida porque los consideraban seres sagrados. Al llegar a lo alto de la montaña, los niños debieron estar muy estresados porque sabían que les aguardaba la muerte. Los científicos han descubierto que les dieron chicha, bebida alcohólica a base de maíz. Suponemos que simplemente se quedaron dormidos antes de morir.

Momias de europeos en China

EL DESCUBRIMIENTO DE UNAS MOMIAS EN CHINA DIO UN VUELCO A LA HISTORIA TAL Y COMO LA CONOCÍAMOS

Las momias son una fuente de información extraordinaria para los arqueólogos. Aunque no pueden hablar, tienen una historia propia que contar y nos permiten entender mejor la de la humanidad. A veces, cimbran todo aquello que los historiadores creían saber. Así sucedió con el descubrimiento de unas momias en China, en el desierto de Taklamakán.

En 1988 el sinólogo (especialista en China) estadounidense Victor H. Mair visitó un museo en Xinjiang, región ubicada al noroeste del país, donde había una exposición de momias. Allí se acercó a una gran vitrina donde yacía un hombre momificado que despertó su curiosidad. Le sorprendió ver que el cuerpo no parecía el de un asiático: era un hombre alto, pelirrojo y de nariz larga y recta, como un europeo. Victor incluso pensó que se parecía ¡a su hermano Dave! La momia vestía ropa de lana y calzas amarillas, rojas y azules. Muy intrigado, decidió averiguar sobre la momia y se enteró de que había sido descubierta por arqueólogos chinos que atravesaban el desierto. Se trataba entonces de una momia natural: el cuerpo había sido sepultado y se momificó gracias a la aridez del suelo. Se le conoce como el Hombre de Cherchen, por el sitio donde lo encontraron.

Se hicieron análisis con carbono 14* para conocer su edad. ¡El resultado causó estupefacción! Era un hombre muy viejo: tenía 3 000 años. Los arqueólogos no cabían en su asombro porque se pensaba que los primeros europeos habían llegado a China apenas 2 200 años antes. Este descubrimiento puso todo en tela de juicio. Otras momias yacían cerca del Hombre de Cherchen: una mujer de 1.80 metros y cabello castaño y un bebé. El estudio de su vestimenta revela que usaban las mismas técnicas textiles que en Europa, aún desconocidas en China en aquella época.

¿Quiénes eran estas misteriosas momias? Las pruebas de ADN confirmaron que se trata de personas de origen europeo. ¿Pero cómo llegaron a China? Los arqueólogos han aventurado varias hipótesis, pero no se ponen de acuerdo. Por el momento, sigue siendo un misterio…

Hay momias para todo... *o casi*

Las momias egipcias abundan porque a lo largo de los siglos se embalsamó a millones de personas. Pero no todas forman parte de las colecciones de los museos.

MEDICINA DE MOMIA

A estos antiguos cadáveres resecos se les han atribuido numerosas propiedades extrañas. ¿Sabes cuál es la más repugnante de todas? Se preparaba un medicamento llamado "caromomia", del latín *caro* (carne) y momia. Como los cuerpos momificados se habían conservado tanto tiempo sin descomponerse, los médicos antiguos pensaban que poseían el don de la inmortalidad y que su carne era mágica y podía curar distintas dolencias. A partir del año 1000 se recetaba a los pacientes para tratar todo tipo de padecimientos, como náuseas, fracturas, acné, vértigo, dolor de oídos, tos y hasta el hipo. Durante la Edad Media se creía que las momias eran útiles sobre todo para tratar los moretones. ¿Te caías por la escalera? Te hacían tragar una buena dosis de momia. ¡Puaj! Sólo las personas ricas podían conseguir ese remedio porque era muy caro. El rey Francisco I de Francia siempre lo llevaba consigo en una bolsita para tomarlo en caso de algún malestar repentino. En realidad, ese tratamiento era como volverse caníbal, y además la carne de momia podía transmitir todo tipo de enfermedades. Unos pocos médicos pensaban que era una tontería comer momia para curarse, entre ellos Ambroise Paré, que vivió en el siglo XVI. Paré se oponía a este falso medicamento, pero nadie le hacía caso. En su opinión, las momias eran tan apestosas que sólo servían ¡como carnada para pescar!

PINTURA DE MOMIA

En los siglos XVIII y XIX el color marrón momia se puso de moda entre los pintores, pues permitía crear tonos de marrón más o menos transparentes que usaban para colorear las sombras. Los pintores ingleses lo usaban mucho, aunque a las personas que estudian los pigmentos les parece una pintura de calidad mediocre porque el color nunca es el mismo. Además, se agrieta rápidamente. Sin embargo, el marrón momia provenía de cuerpos considerados inmortales y a algunos artistas les encantaba porque pensaban que así creaban obras eternas. En el Museo del Louvre, en París, podemos contemplar un lienzo célebre por incluir marrón momia: *Interior de una cocina*, del pintor alsaciano Martin Drölling.

Veamos una historia real ocurrida en el siglo XIX. Una soleada mañana dominical de 1881, el pintor inglés Edward Burne-Jones y su esposa Georgiana invitaron a almorzar a la familia de otro pintor, Lawrence Alma Tadema. Charlaban tranquilamente tras la comida en el huerto de la bella casa. Sus hijas correteaban en la hierba y cortaban margaritas. Lawrence contaba que lo habían invitado al taller de su proveedor de pigmentos a ver una momia que iban a pulverizar para elaborar un color particular, el marrón momia. ¡Edward brincó de su asiento!: "¿Qué? ¡¿El marrón momia se hace con una momia de verdad?!", exclamó. Su amigo lo confirmó. Edward siempre había pensado que se trataba de una mera expresión. ¡Jamás habría imaginado que pudieran triturar el cuerpo de una mujer o un hombre muertos hacía miles de años para hacer pintura! Le parecía una idea absurda y cruel. Se levantó de golpe de su silla. "Enseguida vuelvo", anunció. Reapareció unos minutos después con un tubo de pintura en una mano y una pala en la otra. "Dentro de este tubo yace un ser humano que tiene derecho a una sepultura decente Enterrémoslo". El pintor cavó un hoyo en la tierra ante la mirada divertida de los presentes. Depositó delicadamente el tubo de pintura en la tierra y lo tapó. Una de las niñas plantó una margarita sobre la tumba.

CARBÓN DE MOMIA

Se cuentan muchas historias estrafalarias sobre el uso de las momias. Una, que se da por cierta en libros, documentales y exposiciones, es absolutamente falsa. Se dice que en el siglo XIX los egipcios tenían tantas momias que las utilizaban como combustible para las locomotoras de vapor en vez de carbón. Esta leyenda tiene su origen en el escritor estadounidense Mark Twain, el autor de *Las aventuras de Tom Sawyer*, quien decía haberla oído en un viaje a Egipto. Según la historia, un ferrocarrilero se quejaba diciendo "¡Ah! Pero qué mal se quema la gente del pueblo, ¡mejor tráiganme un rey!" Parece una broma, y nadie ha podido confirmar su veracidad. Tal vez la inventó algún pícaro egipcio con el que se topó Mark Twain y que inventó la historia para hacerlo reír. El propio escritor jugaba a menudo con lo verdadero y lo falso, y era un amante del humor. El chiste se cuenta hasta la fecha… No obstante, al final de su relato, Twain nos hace un guiño cuando escribe: "Me han dicho que es una historia real y la narro tal como me la contaron. ¡Soy capaz de creerme cualquier cosa!" ¿Y tú? ¿Te crees cualquier cosa?

ABONO DE MOMIA

Ésta es una historia que parece inventada, pero es totalmente cierta. Las momias de gatos en el Egipto antiguo eran tan abundantes que en Gran Bretaña las usaron para hacer abono. A fines del siglo XIX una compañía inglesa compró 180 000 momias de gatos. El cargamento pesaba 19 toneladas. Las pulverizaron y las dispersaron en los campos.

FIESTA DE MOMIAS

En el siglo XIX, en Gran Bretaña, las momias no sólo servían como pintura o abono. ¡También eran invitadas en las fiestas! El momento estelar de la velada en los salones victorianos era cuando se retiraban los vendajes de una momia egipcia para descubrir lo que ocultaban. A los invitados también les daba curiosidad encontrar los amuletos protectores que los embalsamadores deslizaban entre las vendas. Era un juego macabro que divertía a las damas y los caballeros de la época.

MOMIAS DE ADORNO

Cuando no las despojaban de sus vendas en una fiesta, las momias también podían servir como objetos decorativos en los departamentos burgueses. Por ejemplo, se colocaban en la sala para mostrarlas a las visitas, o incluso en la recámara. ¡Qué miedo! ¿A quién le gustaría dormir con una momia cerca de la cama?

EL MISTERIO DEL PAPEL MOMIA

En Estados Unidos circula una historia desde hace largo tiempo; es bastante difícil saber si es verdadera o falsa, así que haremos nuestra propia investigación... En el siglo XIX se usaban trapos viejos para fabricar papel. Pero conforme las máquinas producían más papel, comenzaban a escasear los trapos. Surgió entonces la idea de reutilizar las vendas de las momias, hechas de tela. Hasta aquí sabemos que es verdad porque muchas personas escribieron sobre el tema en los diarios. El misterio comienza después, cuando se cuenta que un fabricante de papel del estado de Maine, llamado Augustus Starwood, decidió llevar momias egipcias, transportándolas en barco, para hacerlas papel. Se contrató a trabajadores para ocuparse específicamente de quitarles las vendas y fabricar con ellas papel de estraza para envolver comida o imprimir periódicos. En aquel entonces estalló una epidemia de cólera entre los trabajadores, de la que se responsabilizó ¡a las momias y a Augustus Starwood! Ese papel dejó de fabricarse, y muchos han tratado de averiguar si el relato es verdadero. Veamos los argumentos a favor y en contra.

En 1940 una señora le envió una carta a Dard Hunter, historiador estadounidense del papel, en la que le contaba que un amigo de su padre había trabajado en Nueva York retirando vendajes de momias en las décadas de 1850 y 1860. Incluso le decía que cuando los trabajadores terminaban de retirar las vendas éstas recuperaban la forma del cuerpo que habían envuelto. Hay quienes piensan que este testimonio demuestra la veracidad de la historia. Sin embargo, parece más bien una broma.

Era muy difícil separar las vendas de los cuerpos porque estaban impregnadas de resina; incluso los especialistas tenían que cortar las vendas para desenvolver una momia. Parece imposible, por lo tanto, que se pudieran retirar como si se desenrollara un vendaje y que retomaran la forma del cuerpo momificado. Además, la mujer señalaba que las vendas a veces estaban bordadas. Sin embargo, los egipcios antiguos no bordaban las vendas...

En cuanto al cólera, es dudoso que el vehículo de contagio fueran las momias, porque esta enfermedad más bien se transmite a través de agua contaminada. Aunque desde luego era muy mala idea envolver los alimentos en papel de momia...

Tampoco se han hallado fotografías de trabajadores desenvolviendo momias, así que esta historia tiene cada vez más visos de ser una leyenda. No obstante, hay un último indicio que vuelve a poner todo en tela de juicio: el 31 de julio de 1856 el periódico *Syracuse Standard* informó a sus lectores que esa edición estaba impresa en papel fabricado con ¡trapos procedentes de Egipto! El problema es que nadie ha encontrado un ejemplar de ese periódico. ¿Nadie? Error... El escritor estadounidense Nicholson Baker logró dar con uno. El papel de esa edición era mucho más oscuro de lo habitual. ¿Entonces? ¿Sí era papel de momia? Hasta el día de hoy sigue siendo un misterio sin resolver.

Ötzi, *el hombre de los hielos*

Un espléndido día de septiembre de 1991 los montañistas alemanes Erika y Helmut Simon recorrían los Alpes italianos a 3 000 metros de altura. Se desviaron del sendero y les llamó la atención una forma extraña que sobresalía en una roca. Cuando se acercaron, ¡oh, sorpresa!: era la cabeza y los hombros de un cuerpo humano atrapado en el hielo. Erika y Helmut dieron aviso a las autoridades. La pareja supuso que habían encontrado el cadáver de un desafortunado montañista, pues cada año desaparecen personas que escalan las montañas. Sin embargo, cuando se retiró el cuerpo del hielo se descubrió que llevaba consigo trozos de cuero, un cuchillo con hoja de pedernal y una cuerda antigua hecha a mano: no era precisamente el equipo de un montañista moderno. El cuerpo de aquel hombre despertó gran interés entre los arqueólogos, pues se había momificado de manera natural a causa del frío y el aire seco de la montaña. Incluso eran visibles sus ojos. Los científicos se preguntaron cuánto tiempo llevaría ahí y tras analizarlo descubrieron su edad: 5 300 años. ¡El cuerpo humano completo más antiguo jamás descubierto! Lo bautizaron Ötzi en alusión a los Alpes de Ötztal, donde lo hallaron. Desde entonces Ötzi se aloja en el museo de Bolzano, la ciudad italiana más cercana. Su cámara se mantiene a 6 °C, la misma temperatura que tenía en la montaña. ¿Qué le pasaría a la momia si la mantuviéramos descongelada por mucho tiempo? Se descompondría como cualquier otro cuerpo y no quedaría más que un esqueleto común y corriente. ¿Cómo estudiar entonces esta momia congelada, dura como una roca? Los arqueólogos la descongelaron por apenas nueve horas, justo el tiempo para poder examinarla con más detalle. Después se dieron prisa para volver a congelarla.

HOMBRE DE LA EDAD DE PIEDRA

¿Qué sabemos de Ötzi? Vivió al final de la Edad de Piedra. En aquella época algunos pueblos eran cazadores-recolectores nómadas* y otros empezaban a practicar la agricultura. Cultivaban la pequeña espelta, ancestro del trigo y primer cereal domesticado por el ser humano. También criaban animales. Ötzi no conocía la rueda, pero sabía cazar con flechas con punta de pedernal. Encontraron todos sus utensilios junto a él: una aljaba* con 14 flechas y una bolsa de cuero con yesca,* materia vegetal y hongos secos que sirven para hacer fuego. Ötzi llevaba también zapatos de cuero, paja y cuerda, los más antiguos descubiertos hasta la fecha. Tenía incluso una mochila de madera. Cerca de él se encontró además una hermosa hacha de cobre. Esta arma impresionó a los arqueólogos, hasta entonces convencidos de que el ser humano aún no trabajaba el metal en la época de Ötzi. ¡Los especialistas tuvieron que cambiar de idea! Esta valiosa hacha indica también que Ötzi debió ocupar un sitio especial en la sociedad, y quizá fue un jefe. En su piel aún se aprecian tatuajes: líneas y cruces. No sabemos exactamente qué significan, pero las personas de aquella época se hacían a veces tatuajes "médicos" para tratar de curarse de alguna enfermedad.

¿ÖTZI ASESINADO?

Los científicos se hacían una gran pregunta: ¿cómo y por qué murió Ötzi en ese lugar? Procedieron a investigar… Para empezar, realizaron radiografías y tomografías computarizadas de la momia. Al examinar las imágenes, un investigador detectó una punta de flecha en la espalda de Ötzi. Era la prueba de que lo habían matado. Alcanzado por la flecha, murió sobre la roca en la que lo encontraron. ¿Fue un asesinato? Por el lugar donde penetró la flecha se piensa que alguien a quien conocía y del que no sospechaba lo atacó por la espalda. O quizá lo hirieron cuando huía.

Veamos los otros indicios… La punta de pedernal se quedó dentro del cuerpo, pero el asta de la flecha (la parte de madera) desapareció. Eso significa que alguien llegó a retirarla para no dejar huellas. Sin embargo, esa persona dejó el hacha en el lugar en vez de robársela. Eso nos lleva a pensar que Ötzi fue asesinado y que el agresor no quería que lo vieran con el hacha de su víctima. De lo contrario, habría levantado sospechas. Para confirmar que se trató de un asesinato, los científicos estudiaron también el cerebro de la momia, que si bien se encogió, sigue en el cráneo. Observaron una hemorragia, lo que significa que Ötzi recibió un golpe en la cabeza, ya sea propinado por su agresor u ocasionado al caer sobre la roca. ¡Así se esclarece un crimen cometido hace más de 5 000 años!

El increíble destino de Elmer McCurdy

En 1976, en la ciudad de Los Ángeles, un equipo de filmación se preparaba para rodar un episodio de la serie de televisión *El hombre nuclear*. La acción se ubicaba en una feria en las afueras de la ciudad, y una escena transcurría en una de sus atracciones: el tren fantasma. Un asistente examinaba el lugar para prepararlo todo cuando se topó con un extraño maniquí, cubierto de una pintura que brillaba en la oscuridad. El muñeco estaba sujeto por el cuello, y su función era asustar a los adolescentes que abordaban los vagones del tren. Cuando el asistente jaló el brazo del muñeco se quedó con él en la mano… Sólo que no era un brazo de plástico: ¡tenía un hueso! Llamaron a la policía y se envió el "maniquí" al médico forense, que confirmó que se trataba de un cuerpo momificado. ¿Cómo saber quién era esta persona y cuándo había muerto? La autopsia arrojó información muy valiosa. Para empezar, el médico descubrió una bala en el cuerpo: el desconocido había sido asesinado. Además, era un tipo de bala que sólo se utilizó entre 1905 y 1940. Al analizar la boca de la momia el forense halló una pista inesperada: una moneda de un centavo de 1924 y una entrada al Museo del Crimen de Louis Sonney, con dirección en Los Ángeles. La noticia de este descubrimiento apareció en primera plana de los diarios y los periodistas no tardaron en relacionar la momia con un tal Elmer McCurdy, un forajido de Oklahoma. Al principio era mera suposición, pero una vez que se cotejaron todos los datos, se corroboró que Elmer y la momia fluorescente eran la misma persona.

RUMBO AL OESTE

¿Pero cómo fue que terminó así? La historia comienza en 1880, en el estado de Maine, donde Elmer nació en una familia pobre y fue criado sin padre. No tuvo una vida fácil, pero aprendió el oficio de plomero. No le iba mal hasta que a los 18 años murieron su madre y su abuelo y se quedó sin trabajo. El joven Elmer decidió partir rumbo al Oeste en busca de una vida mejor, como millones de personas más en aquella época. En 1903 llegó a la ciudad de Iola, Kansas, y empezó a hacerse llamar Frank Curtis, quizá para evitar la discriminación contra los irlandeses que podría causar su verdadero nombre. Encontró trabajo en una empresa de construcción y las cosas comenzaron a ir bien; el único problema era que a Elmer le gustaba mucho el alcohol. Demasiado. Una noche, completamente ebrio, le contó a un amigo que se cambió el nombre porque era ¡un forajido al que buscaban por asesinato! Al parecer lo dijo sólo para impresionar, pero su amigo le contó todo al patrón de Elmer, que lo despidió de inmediato.

El pobre joven volvió a emprender el camino y se hizo minero, un trabajo duro, mal pagado y malo para la salud. Llegó un momento en el que Elmer no pudo más y decidió alistarse en el ejército. Fue soldado durante algunos años y aprendió a usar explosivos: dinamita y nitroglicerina.* Abandonó el ejército en 1910, a los 30 años. Siguió bebiendo y empezó a frecuentar malas compañías y a llevar una vida de delincuente menor. Una vez la policía lo arrestó junto con un cómplice cuando transportaban material para cometer un robo; lo liberaron, pero siguió adelante con sus fechorías.

GÁNGSTER INEPTO

Luego Elmer conoció a los hermanos Jarrett, ladrones de poca monta que se sentían delincuentes de alta escuela. Nombraron a Elmer especialista en explosivos por su experiencia en el ejército y decidieron atacar un tren para llevarse la plata de la caja fuerte. Lograron detener un tren que transportaba a 250 pasajeros, bajaron a todos de los vagones y el "especialista en explosivos" se puso manos a la obra. ¡Bum! La caja fuerte se mantuvo intacta. Elmer aumentó la carga. ¡Bum! Siguió sin abrirse. Lo intentó de nuevo. ¡Bum! ¡Nada! Los bandidos se pusieron muy nerviosos al no poder abrir la maldita caja fuerte. Podemos imaginar a los pasajeros que esperaban y pensaban: "A ver a qué hora logran abrirla..." Elmer volvió a aumentar el número de cartuchos de dinamita ¡¡¡BUUUM!!! Esta vez la caja se abrió, pero hubo un problema: la explosión fue tan potente que se fundieron todas las piezas de plata, formando una gran masa adherida a las paredes de la caja. ¡Fue imposible despegarla! Los bandidos estaban furiosos. Les robaron los portamonedas y los relojes a los pasajeros y huyeron con un magro botín. Elmer era un fracaso como gángster.

Más adelante, una noche, decidió asaltar un banco con dos cómplices, abriendo un boquete en el muro con un mazo, como en las películas del Viejo Oeste. Lograron entrar y Elmer preparó sus explosivos. ¡BUM! Todo voló en el banco, e incluso estalló en pedazos una vitrina al otro lado de la calle. La caja fuerte, en cambio, siguió perfectamente cerrada. Temeroso, el trío emprendió la huida ¡sin llevarse nada! A pesar de sus reveses, Elmer y sus cómplices no renunciaron al oficio de bandoleros.

Su objetivo era ambicioso: asaltar un tren que transportaba 400 000 dólares. Detuvieron el tren, lo abordaron y se aprestaron una vez más a volar la puerta de la caja fuerte. Pero el conductor les dijo: "Mmm, la caja fuerte está vacía. El dinero viene en el próximo tren". ¡Maldición! ¡Todo volvía a salir mal! Muy enojados, decidieron robar el dinero de los pasajeros. Al pasar de vagón en vagón encontraron botellas de whisky y barriles de cerveza, ¡y se pusieron a beber! Terminaron huyendo a toda carrera hacia las colinas, completamente ebrios. Perseguido por el *sheriff* y sus hombres, Elmer se refugió bajo un cobertizo. Se negó a rendirse y le disparó a sus perseguidores, que respondieron el ataque y lo mataron. Así terminó la vida del gángster malogrado Elmer McCurdy en 1911. Pero apenas comenzaba la historia de su cadáver…

ELMER SE TRANSFORMA EN MOMIA

Llevaron el cuerpo de Elmer a la funeraria, donde lo embalsamaron. Rellenaron el cadáver de arsénico, un metal en forma de polvo blanco que es también un veneno. ¡Listo! Elmer ya era una momia. Ninguno de sus familiares reclamó el cuerpo para enterrarlo, por lo que el dueño de la funeraria decidió exponerlo en su negocio y cobrarle a la gente que acudía a verlo. En aquella época había muchos "espectáculos de fenómenos", especies de circos que iban de pueblo en pueblo para exhibir personas o animales fuera de lo común, como mujeres barbudas o tortugas de dos cabezas. Varios circos se interesaron en comprar a Elmer para presentarlo en sus espectáculos, pero el dueño de la funeraria se negó a venderlo.

MOMIA ITINERANTE

Un día, un director de circo se hizo pasar por hermano de Elmer y dijo que quería recuperar el cuerpo. El dueño de la funeraria accedió y la momia emprendió un extenso viaje a lo largo y ancho de Estados Unidos. La gente pagaba por ver al forajido de Oklahoma. Entre 1916 y 1922 la momia recorrió 60 000 kilómetros: ¡jamás había viajado tanto una momia! Luego la compró Louis Sonney, que la instaló en su Museo del Crimen en Los Ángeles. En 1927 Louis oyó hablar de la Transcontinental Footrace, una gran carrera a pie que atravesaba el país desde Los Ángeles hasta Nueva York y le propuso a los organizadores incluir a Elmer para atraer multitudes antes de que pasaran los corredores. Así la momia volvió a emprender el camino. La presentaban de pie en su ataúd, al lado de un cerdo de cinco patas. Muy triste, ¿no crees? Cuando terminó la carrera Elmer volvió con Louis Sonney. Cuando el museo cerró sus puertas, a principios de los años treinta, la momia se usó en películas y terminó siendo vendida con un lote de estatuas de cera y aves disecadas. Así fue como acabó asustando a los visitantes en un tren fantasma antes de que la descubrieran en 1976, cuando se decidió darle un entierro decente a Elmer McCurdy. Su tumba se encuentra en la ciudad de Guthrie, Oklahoma. Su ataúd se cubrió con una capa de concreto para que nadie pudiera desenterrarlo. ¡Al fin podrá descansar en paz!

Xin Zhui, *marquesa para la eternidad*

Dos mil años después de su muerte, Xin Zhui, también conocida como "la marquesa de Dai", parece estar de buen humor porque su momia ¡nos saca la lengua!

Xin Zhui fue una aristócrata que vivió en China durante la dinastía Han. Su tumba y su momia fueron hallados cuando se hacían obras de construcción; yacía en una enorme fosa cuadrada cavada a 12 metros de profundidad. Su cuerpo, vestido con veinte capas de seda, se colocó dentro de cuatro ataúdes decorados, uno dentro de otro. Una cámara funeraria, a su vez enterrada bajo una gruesa capa de arcilla y carbón, alojaba los ataúdes. Para cerrarlo todo bien, 15 metros de tierra cubrían la tumba.

VIDA DE LUJOS

Este descubrimiento sacó a la luz una mina de información sobre la vida de los nobles en la dinastía Han, que reinó en China hace más de 2 000 años, y la momia de Xin Zhui es el cuerpo antiguo mejor conservado del mundo. Su piel es suave, sus piernas y brazos pueden flexionarse y todos los órganos internos se conservaron. Los médicos pudieron hacer la autopsia como si hubiera fallecido la víspera, y descubrieron que padecía varias enfermedades. Para empezar, era más bien gorda: no se movía mucho porque sus sirvientes lo hacían todo. Como comía mucho, sus arterias estaban obstruidas y murió de una crisis cardiaca. Sabemos incluso en qué consistió su última comida: lo médicos encontraron melón en su estómago, que devoró con todo y semillas. También se cree que le dolía mucho la espalda, lo que debió impedirle hacer ejercicio.

Xin Zhui debió dedicar mucho tiempo a las diversiones. En su tumba se encontraron más de mil objetos, en su mayoría relacionados con la comida, la bebida o las fiestas. Enterraron con ella sus platillos favoritos en canastas de bambú: peras, mariscos, huesos de cerdo, de perro y de faisán, huevos de gorrión, rebanadas de loto. ¡Hasta el esqueleto completo de un cisne! También le pusieron su vajilla, instrumentos musicales y varias estatuillas de sirvientes. Así podría seguir llevando su vida de lujos y placeres aun después de la muerte.

La conservación del cuerpo de Xin Shui es un misterio. Se encontró un líquido rojizo en su ataúd, pero no se sabe exactamente qué contiene y si ayudó a su momificación. Los científicos piensan que deben haberle dado a este cuerpo un elixir de la inmortalidad para que se conservara tan bien 2 000 años después. ¿Pero cuál? Es un enigma...

El hombre de *Tollund*

Parece que duerme desde hace 2 300 años, pero el hombre de Tollund no está dormido:
es una momia de las turberas encontrada en Dinamarca.

Las turberas son zonas húmedas donde crecen plantas poco comunes como el esfagno, un tipo de musgo. El esfagno forma la turba, con la que se prepara tierra negra para cultivar flores y hortalizas. Es como una esponja: absorbe el agua de la ciénaga y crece formando gruesas capas. Al caminar sobre ellas se puede oír el chapoteo de las pisadas. Cuando sus raíces se marchitan permanecen en su sitio y la planta sigue creciendo sobre el agua con tal vigor que las raíces acumuladas terminan convirtiéndose en turba. En los países escandinavos, como Dinamarca, la aprovechan para entrar en calor: en vez de quemar leña encienden un bloque de turba seca.

¿ASESINATO RECIENTE O MOMIA?

En 1950 unos trabajadores que cortaban turba descubrieron al hombre de Tollund. Como tenía una soga alrededor del cuello y estaba muy bien conservado, llamaron a la policía, pues pensaron que había sido víctima de un asesinato. Al llegar al lugar la policía observó que el cuerpo estaba enterrado bajo 2.5 metros de turba y nadie había llegado a esa profundidad antes que los trabajadores. Dedujeron que el cuerpo estaba enterrado desde hacía mucho tiempo y se trataba de un asunto para los arqueólogos y no para la policía, así que llamaron a los especialistas del Museo de Silkeborg, donde se encuentra hasta la fecha el hombre de Tollund. Mediante estudios de carbono 14 y del polen hallado sobre su cuerpo, los especialistas lograron determinar la fecha en que había vivido: ¡350 años antes de Cristo!

MUERTE MISTERIOSA

Pero faltaban muchos cabos por atar. ¿Por qué tenía una soga alrededor del cuello? Los médicos forenses lo examinaron como si se tratara de una víctima reciente y concluyeron que había sido estrangulado. ¿Fue condenado a muerte? ¿Fue un asesinato? La respuesta de los arqueólogos a estas dos interrogantes fue negativa pues las personas que lo enterraron tuvieron el cuidado de cerrarle los ojos y colocarlo en una posición cómoda, como para dormir. Además, se adentraron en la turbera para enterrarlo precisamente en ese sitio. Se piensa entonces que fue un sacrificio a los dioses. Los pueblos germánicos y celtas de aquella época creían que la turbera era un mundo divino por no ser ni tierra ni agua; pensaban que en ese espacio intermedio podían comunicarse con los dioses. Quizá había un problema que resolver en la comunidad y decidieron pedir la ayuda divina ofrendando ese preciado obsequio: la vida de un hombre.

PELO DE BARBA

El cuerpo del hombre de Tollund se conservó extraordinariamente bien gracias a la turbera. La acidez del suelo impidió la descomposición de la carne y produjo una momia natural. Incluso sabemos que el hombre se afeitó un día antes porque se alcanza a ver la barba que empezaba a nacerle. Los rasgos de su rostro son nítidos y tiene pestañas y cejas. También es una de las pocas momias que conserva los labios cerrados y carnosos.

El estudio de las momias

Las momias encierran innumerables pistas sobre la historia de la humanidad.
Los científicos trabajan como detectives para develar sus secretos.

Antes de que se inventaran los rayos X y las tomografías*
los científicos desenvolvían a las momias y las
diseccionaban* para estudiarlas. Por desgracia,
a menudo este procedimiento implicaba destruirlas
por completo, y terminado el análisis iban a dar
a la basura… Eso impedía que otros especialistas
pudieran seguir estudiándolas, además de que es una
lástima destruir vestigios arqueológicos tan valiosos.
Hoy en día todavía se cortan algunas momias cuando
no es posible proceder de otra manera, pero existen
numerosos métodos que permiten estudiarlas sin
necesidad de sacarlas de su ataúd.

VER BAJO LAS VENDAS

El tomógrafo es el instrumento más útil, pues es
aún más preciso que las radiografías que nos toman
cuando nos fracturamos un brazo o una pierna.
En las radiografías sólo aparecen los huesos y objetos
como trozos de metal o amuletos, pero las tomografías
también muestran las vendas y los tejidos blandos,
es decir, la piel y los órganos como el corazón
y el cerebro.

Para hacer el estudio se recuesta a la momia como
a un paciente y se pasa lentamente por el tomógrafo.
Se pueden observar diferentes imágenes según se elija:
desde la superficie hasta planos profundos. Primero
los vendajes, después la piel y luego los huesos.
Por ejemplo, se puede determinar la edad de la momia
observando los dientes ¡sin quitar ni una sola venda!

En ocasiones, los especialistas cortan una muestra
muy pequeña de piel para analizar el ADN de la momia.
El ADN está presente en todas las células del cuerpo
y es como la cédula de identidad biológica de cada
persona. Podemos saber si varias momias pertenecen
a una misma familia comparando su ADN: hermano y
hermana o madre e hijo, por ejemplo. Así, también se
puede saber el sexo o detectar enfermedades genéticas.
Los arqueólogos también utilizan el endoscopio para
observar una momia por dentro sin cortarla: se trata
de un instrumento del ancho de un cable eléctrico
provisto de una cámara en un extremo. Cuando está
dentro del cuerpo, transmite imágenes de video a
una pantalla.

Los científicos que estudiaron a Ötzi trataron de
analizar el contenido de su estómago introduciéndole
un endoscopio por la boca. Sin embargo, no lograron
que pasara y tuvieron que abrirle el vientre, como en
una cirugía, para saber cuál había sido su última comida.

LA MUERTE DE TUTANKAMÓN: MISTERIO RESUELTO

La ciencia permitió desentrañar el misterio de una momia muy famosa: la de Tutankamón. En 1922 se descubrió su tumba, intacta y repleta de tesoros, entre ellas la famosa máscara del faraón, cuya imagen ha dado la vuelta al mundo. Tutankamón murió muy joven, a los 18 años, tras apenas nueve años de reinado. Los historiadores se plantearon muchas preguntas sobre su muerte. ¿Se accidentó en un carro de caballos? ¿Fue asesinado por alguien cercano que quería arrebatarle a su esposa y su trono? Se formularon todo tipo de hipótesis durante casi un siglo.

Sin tocar a la momia, el cuerpo del faraón se reconstruyó en tercera dimensión mediante tomógrafos especiales que revelaron que el adolescente estaba muy enfermo. Padecía pie equinovaro, o zambo, una deformidad que lo obligaba a caminar con bastón; de hecho, se hallaron 130 bastones y varas en su tumba para ayudarlo a desplazarse en el otro mundo. También tenía una grave fractura infectada en la pierna izquierda que no había cicatrizado, y se piensa que murió a causa de esa lesión. Probablemente sufrió un accidente en el que se rompió la pierna, pero no sabemos de qué tipo. Estos descubrimientos eliminan la posibilidad de un accidente en un carro de caballos, porque el faraón no podía sostenerse en pie lo suficientemente bien para conducir uno.

Por otro lado, los análisis de ADN revelaron que el padre y la madre de Tutankamón eran hermanos. Este tipo de matrimonios eran frecuentes en el antiguo Egipto, pues se pensaba que la sangre era más "pura" cuando la gente se casaba con miembros de su familia. Sin embargo, era una pésima idea, pues crea lo que se conoce como consanguineidad, que es causa frecuente de graves enfermedades. Eso es parte de lo que le pasó a Tutankamón.

¿Quieres saber más?

Concluyamos con algunas otras historias insólitas de momias…

ENDULZADO

En el siglo IV antes de Cristo Alejandro Magno, el célebre conquistador, era el rey de Macedonia, Grecia, y había erigido un imperio gigantesco que abarcaba desde Europa hasta la India. Sin embargo, murió a los 32 años a consecuencia de una intensa fiebre cuando se encontraba en Babilonia, ciudad antigua ubicada en lo que hoy es Iraq, donde se acostumbraba conservar a los muertos en miel. Como los hombres de Alejandro querían llevarlo de vuelta a Macedonia para brindarle unos suntuosos funerales, sumergieron su cuerpo en miel y lo colocaron en un sarcófago de oro, momificándolo en el proceso. En el viaje de regreso el ejército se cruzó con Ptolomeo, un antiguo general de Alejandro que se había hecho rey de Egipto y que llevó allá el cuerpo del conquistador, donde permaneció varios siglos. La dinastía de los Ptolomeos mostraba la momia de Alejandro a sus visitantes ilustres como Julio César, hasta que un día perdieron el poder y la momia se extravió. Los arqueólogos la siguen buscando.

MOMIFICADOS EN VIDA

En el Japón del siglo XIV algunos monjes budistas zen llegaban a tal nivel de práctica espiritual que decidían momificarse por voluntad propia. Según la creencia budista, el alma renace constantemente en un nuevo cuerpo después de la muerte. Para evitar eso y permanecer en el paraíso hay que alcanzar la "iluminación".

Momificándose a sí mismos, los monjes buscaban demostrar que habían logrado ese estado en el que estaban completamente desprendidos de su cuerpo y del sufrimiento físico. Para ello, se entrenaban durante años para ignorar el dolor. Por ejemplo, permanecían en una habitación llena de humo de chile o meditaban durante horas bajo una cascada de agua helada. Cuando sentían que estaban listos, decidían morir poco a poco momificándose. ¡Ese proceso podía demorar 10 años!

Si un monje deseaba momificarse, empezaba por dejar de comer arroz y trigo para perder toda la grasa del cuerpo y se alimentaba exclusivamente de piñones, corteza y raíces. Además, bebía un té especial a base de la savia de un árbol llamado *urushi*. Era una bebida tóxica que hacía vomitar y transpirar mucho, pero era el efecto que se buscaba: así deshidrataba su cuerpo para transformarse en momia. Después bebía agua de una fuente contaminada con arsénico, un conocido veneno, para matar las bacterias y conservar el cuerpo. Por último, el monje, aún vivo, se introducía en una caja provista de un pequeño tubo para respirar a través de un orificio y de una campanita. Todos los días hacía sonar la campanita para avisar a la comunidad que seguía con vida. Cuando los otros monjes dejaban de oír la campana tapaban el tubo y esperaban 1 000 días para abrir la caja y sacar la momia. Estos monjes momia todavía pueden verse en Japón, sentados en flor de loto y ataviados sobriamente.

UNA MOMIA EN LA BASURA

En el año 2000, en Rueil-Malmaison, cerca de París, un empleado municipal encontró una extraña caja en un contenedor lleno de sillas rotas y lavavajillas viejos tirados por los habitantes. ¡Parecía un ataúd infantil! El trabajador dio aviso al museo de la ciudad, que acudió a recuperar la caja. Adentro había una momia egipcia. Alguien debió encontrarla en un desván y pensó: "¿Qué es este vejestorio? ¡Fuera! ¡A la basura!" Tras varios años de investigación, los arqueólogos descubrieron la edad de la momia, su sexo y hasta su nombre. Era una pequeña de cuatro o cinco años llamada Ta-Iset, que significa "La de Isis". Hoy la momia se aloja en el Museo de la Ciudad de Rueil-Malmaison, donde se puede visitar y conocer su historia.

ALAN, MOMIFICADO AL ESTILO EGIPCIO

En la década de 2000 un taxista británico llamado Alan Billis descubrió un anuncio en el periódico: un grupo de científicos buscaba una persona enferma próxima a morir que aceptara ser momificada al estilo de los faraones egipcios. Los especialistas deseaban poner a prueba "definitivamente" las técnicas egipcias para asegurarse de que entendían bien cómo procedían los embalsamadores antiguos. Alan estaba enfermo de cáncer y no tenía esperanza de curarse, por lo que decidió responder al anuncio. Como fue el único candidato en postularse lo eligieron automáticamente para el experimento. Cuando murió en 2011 su cuerpo fue llevado a un laboratorio, donde lo momificaron siguiendo el método descrito en las páginas 11 y 12 de este libro. Incluso se filmó un documental. La conclusión fue que la técnica funciona muy bien. ¿Por qué tomó Alan esta decisión? Quería contribuir a la ciencia, pero lo que más deseaba era dejar un recuerdo especial a sus nietos. ¡Vaya que lo logró! El Museo de Patología Gordon, en Londres, alberga su momia.

Glosario

Aljaba Especie de estuche abierto por arriba que se cuelga al hombro por medio de una correa y sirve para llevar flechas.

Antropólogo Persona que estudia a los pueblos humanos. Observa cómo se organiza su sociedad, cuáles son sus costumbres y sus creencias religiosas, entre otros aspectos.

Carbono 14 La datación por carbono 14 permite conocer la edad de una materia que contiene carbono, como las plantas y los animales. Por lo tanto, podemos determinar la antigüedad de un cuerpo humano con esta técnica. Cuanto más envejece un cuerpo, más carbono 14 pierde, así que se calcula la cantidad que queda en el cuerpo para saber su antigüedad.

Célula Los seres humanos, los animales y las plantas se componen de células. Son minúsculos bloques que constituyen el cuerpo. Las podemos ver bajo el microscopio y contienen el ADN.

Diseccionar, disección En ocasiones los científicos efectúan una disección para estudiar un cuerpo: lo abren y lo cortan para entender mejor cómo funciona.

Huella digital Observa muy de cerca, o con una lupa, la yema de tus dedos. ¿Ves las líneas finas que se dibujan en ellas? Son tus huellas digitales. Las huellas digitales de cada persona son únicas, por lo que sirven para identificarlas.

Mortaja Prenda con que se envuelve a un cadáver para sepultarlo.

Nitroglicerina Explosivo en forma líquida muy potente y peligroso.

Nómadas Grupos de personas que viajan de un lado a otro y no tienen residencia fija.

Peregrino Persona que hace un viaje para visitar un lugar santo, la mayoría de las veces a pie, ya sea sola o en grupo.

Rito funerario Conjunto de reglas que se deben seguir y ceremonias que se deben realizar cuando muere una persona. Por lo general está ligado a la religión o las creencias de un pueblo. La momificación es un rito funerario.

Tomografía Tecnología que usa un tipo especial de rayos X para tomar imágenes transversales del cuerpo.

Turba Carbón fósil ligero y esponjoso formado a partir de residuos vegetales en sitios cenagosos.

Yesca Material muy seco y que arde con facilidad, utilizado para prender el fuego.